Diethard Lübke

Schreibung der Konsonanten
Lernen und Üben

Ein Lernprogramm

VERLAG MORITZ DIESTERWEG
Frankfurt am Main

ISBN 3-425-01273-8

Illustrationen: Gerhard Scholz, Dornburg
Satz: Fotosatz Otto Gutfreund, Darmstadt
Druck und Verarbeitung: graphoprint, Koblenz

Vorwort

Im Deutschen sagt man [li**p**]; man spricht deutlich ein -**p**. Geschrieben wird aber „lie**b**" (mit -**b**).
Man sagt [ele**f**ant], [**f**ogel], [del**f**in]; man schreibt aber „Ele**f**ant" (mit f), „**V**ogel" (mit v) und „Del**ph**in" (mit ph).
Man sagt [**k**ara**k**ter] und schreibt den ersten K-Laut mit **ch** und den zweiten mit **k**: „**Ch**ara**k**ter".
„Hauptsta**dt**" wird mit -dt geschrieben, „Werksta**tt**" mit -tt.

Das sind nur einige der Stolpersteine bei der Schreibung von Konsonanten.

Wie man die Konsonanten richtig schreibt, lernt man in diesem Lernprogramm.* Die wichtigsten Regeln, Ausnahmen und Besonderheiten sind so übersichtlich und einfach formuliert, daß sie jeder verstehen und sich merken kann. „Durch Üben wird man Meister" – auch in der Rechtschreibung. Daher enthält dieses Heft einen umfangreichen und abwechslungsreichen Übungsteil.

Die Lösungen zu den Übungen stehen ab Seite 32.

* Die Regeln für die Schreibung des S-Lauts (s, ss, ß, z, tz) werden in dem Lernprogramm „Schreibung von S und Z – Lernen und Üben" (Verlag Moritz Diesterweg, Frankfurt am Main 1985, Best.-Nr. 1246) zusammengefaßt.

Arbeitsanleitung zu den Übungen

Alle Übungen sollten schriftlich gemacht werden.
Wem dieses Heft nicht gehört, der sollte die Listen und die Wörter mit Beispiel- oder Zeilenangaben in ein Schreibheft schreiben.
Erst nach der Beendigung einer Übung sollte man den Lösungsbogen zur Hand nehmen und prüfen, ob alles richtig gemacht worden ist.
Der Lösungsbogen befindet sich am Schluß dieses Heftes.
Wer den Lösungsbogen schon vorher benutzt, lernt weniger bei den Übungen!

❖ Der F-Laut wird geschrieben:

f	v		ph
Ankunft	*aktiv*	*naiv*	*Alphabet*
Elefant	*bevor*	*Nerven*	*Atmosphäre*
Fisch	*brav*	*objektiv*	*Delphin*
Folie	*davon*	*Vater*	*Katastrophe*
Hafen	*Detektiv*	*Veilchen*	*Orthographie*
Heft	*Frevel*	*Vers*	*Paragraph*
Profil	*Infinitiv*	*vier*	*Phase*
Schiff	*instinktiv*	*Vieh*	*Philosoph*
schlafen	*intensiv*	*Vogel*	*Phosphor*
Sofa	*Larve*	*Volk*	*Prophet*
Tarif…	*Motiv*	*völlig…*	*Strophe…*

HANNOVER

❖ **Fremdwörter**

In vielen Fremdwörtern wird das -v- wie „w" ausgesprochen.

Klavier	*Vitamine*	*Vanilleeis*
Kurve	*privat*	*Vase…*

❖ **Unterscheide:**

v/f

viel *„Viel Spaß!"*	*er/sie fiel* (von „fallen") *es gefiel mir gut*
das Volk	*die Folklore*
Bremerhaven *Cuxhaven* *Wilhelmshaven*	*der Hafen* *der Flughafen*

Übung 1

Trag die Wörter mit F/f und Ph/ph in die Kästchen ein.

§

ABC ...

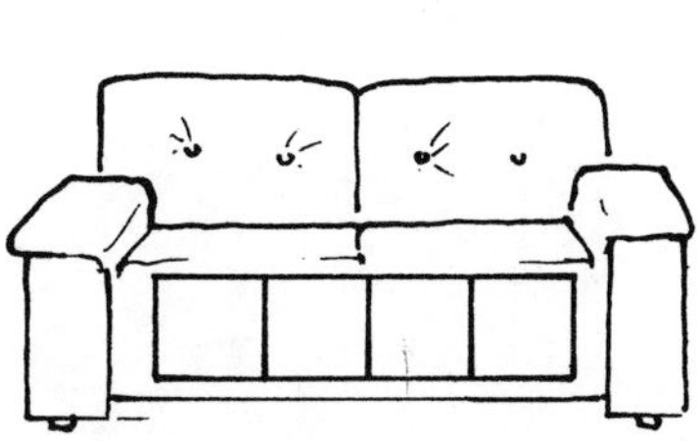

Übung 2

Welche Wörter mit F/f, ph oder V/v sind gemeint?

Der Mann, der ein Kind hat:	Vater
Der Sohn des Onkels:	N
Die Zeit, in der die Schüler nicht zur Schule gehen müssen:	F
Gegensatz zu „Abreise“:	A
Wo die Schiffe liegen:	H
Straßenbelag:	A
Schlimmes Unglück:	K
Der Vorgesetzte:	Ch
Jemand, der unauffällig Beobachtungen anstellt und ermittelt:	D
Abschnitt eines Gedichts:	S
Zeile eines Gedichts:	V
Gegensatz zu „wenig“:	v
Kühe, Schafe, Pferde, Hühner:	V
Was Haustiere fressen:	F
Begeisterter Anhänger:	F
Die Jahreszeit, die dem Winter folgt:	F
Was wir atmen:	L
Volksmusik:	F

V

Übung 3

Bilde Verben mit den Vorsilben „ver-" und „vor-".

ver	bluten	*verbluten*
vor	kaufen	____
	schlagen	____
	brauchen	____
	antworten	____
	blühen	____
	haben	____
	zeigen	____
	suchen	____
	bessern	____
	bereiten	____

Übung 4

Ergänze F/f oder V/v.

*F*ernsehen, ____erdienen, ____erkaufen, ____erien, ____erne, ____erbieten, ____ertragen, ____ersteck, ____ertig, schlag____ertig. ____ortsetzung, ____orwärts, ____orsichtig, ____orderung, ____ormittag, ____orfahrt, ____ortschritt, ____orsprung, ____orbild, ____orscher, ____orwand, ____ormular.

____iel Spaß. Das ge____iel mir, ____iel besser als erwartet. Es regnete ____iel. Der Regen ____iel den ganzen Tag. Sehr ____iele Zuschauer waren gekommen. Das ____iel mir auf.

Übung 5

Ergänze f oder V/v.

Verena erzählt:

__iele waren zur Fete gekommen.

Wir hatten __iel Spaß.

Mir __iel auf, daß Eva __iel mit Frank geredet hat.

Mir __iel der Name von Evas Freund nicht ein.

Heißt er __ielleicht Michael?

Die Musik ge__iel mir sehr gut. Ich mußte aber __iel zu früh nach Hause.

Übung 6

f oder ff?

begreifen:	Peter begreift	rufen:	
hoffen:	Peter	schaffen:	
öffnen:		schlafen:	
prüfen:		treffen:	

Übung 7

Bilde Wörter, indem du F/f oder V/v hinzufügst.
(Die hinzugefügten Buchstaben können am Anfang, in der Mitte oder am Wortende stehen.)

ALSCH:	falsch	EHLEN:	
ASE:		IERECK:	
ATER:		KURE:	
BRA:		OT:	
CHE:		ROH:	

Übung 8

Unterstreiche die Wörter mit f und V/v, und ordne sie ein.

Vogelfütterung im Winter
ddp **Bonn** – Der Bundesernährungsminister rät, die Vögel im Winter nur bei geschlossener Schneedecke und Dauerfrost zu füttern.

f: ______________________

____

____

v (gesprochen: f):

____

____

Übung 9

Unterstreiche die Wörter mit F/f und V/v, und ordne sie ein.

Vor allem für Kinder sind lange Urlaubsfahrten im Auto schnell langweilig und stellen die Eltern bisweilen vor eine harte Geduldsprobe.

Häufige Stops, verbunden mit leckerem Reiseproviant, helfen, die Fahrt erträglicher zu machen. Damit die Naschereien, Salate und das Obst auch noch nach Autostunden im ursprünglichen Frischezustand genossen werden können, sollten die Urlaubsfahrer beim Kauf von Reiseproviant auf geeignete Verpackungsformen und Materialien achten. Bei manchen Verpackungen besteht die Gefahr, daß die Produkte ungenießbar werden.

f: ____________ ____________

____________ ____________

____________ ____________

____________ ____________

____________ ____________

v (gesprochen: f): ____________

____________ ____________

____________ ____________

v (gesprochen: w):

____

Übung 10

Unterstreiche die Wörter mit F/f und pf, und ordne sie ein.

Immer häufiger erkranken Tropenreisende an Kinderlähmung.

Daher sollten Menschen, die eine Fernreise planen, sich unbedingt gegen Kinderlähmung impfen lassen, falls ihr Impfschutz nicht mehr ausreichend ist. Dies betonten Experten auf einer Tagung in Düsseldorf.

Im Jahre 1978 sei zuletzt ein Patient in Deutschland an Kinderlähmung erkrankt. Alle Fälle seither seien auf Infektionen durch Fernreisen zurückzuführen.

f: ____________ ____________

____________ ____________

____________ ____________

____________ ____________

____

pf: ____________

____

Übung 11

Ordne die Wörter mit v.

Ventil
Advent
Larve
intensiv
Lokomotive
Videofilm
Pulver
Service
Pullover
vier
Karneval
Interview
Vers
Vertrauen
Exclusiv
Verweis
Bravo!
Vokabel
Privat
Universität
Vetter
220 Volt
evangelisch
aktiv
Kurve
Volleyball
Motiv
Silvester
Sklave
Leverkusen
nervös
Festival

V (gesprochen: f)	V (gesprochen: w)	

Übung 12

Unterstreiche die Wörter mit F/f und V/v, und ordne sie ein.

Mit Vitaminen bessere Leistung in der Schule

SAD **London**

Die Ernährung beeinflußt die schulischen Leistungen.

Darüber berichtete der britische Wissenschaftler Dr. David Benton jüngst in dem Fachblatt „The Lancet“. Im Rahmen seiner Untersuchungen verabreichte er einer Gruppe falsch ernährter Schulkinder sowie einer Kontrollgruppe ausgewogen ernährter Kinder über einen Zeitraum von fünf Monaten zusätzlich Vitamine.

Ergebnis: Bei den Kindern, die zuvor überwiegend vitamin- und mineralstoffarm ernährt worden waren, bewirkten die Vitamine eine deutliche Leistungssteigerung ihrer geistigen Fähigkeiten. Bei der Kontrollgruppe hingegen zeigte sich keine Veränderung.

f: *beeinflußt* ______
______
______
______
______
______
______

v (gesprochen: f): ______
______
______
______

v (gesprochen: w): ______
______
______
______

Übung 13

Unterstreiche die Wörter mit f und V/v, und ordne sie ein.

Vulkan in Island ausgebrochen

Reykjavik, 18. 1. (dpa)

In Island ist völlig unerwartet der Vulkan Hekla ausgebrochen. Wie es am Freitag in Berichten aus Reykjavik* hieß, schleudert der seit dem Vorabend aktive Vulkan Lava bis zu einer Höhe von zehn Kilometern in die Luft. Da der Wind die gewaltigen Mengen von Asche in nördliche Richtung und damit unbewohnte Gebiete im Innern der nordatlantischen Insel treibt, bestehe derzeit keine Gefahr für Menschen.

* Reykjavik [-wik]: Hauptstadt von Island

f: ______
______
______

v (gesprochen: f): ______
______
______

v (gesprochen: w): ______
______
______
______

❖ Auslaut

-**k** steht am Wortende, wenn in verwandten Wörtern oder Wortformen das -k- deutlich hörbar vor einem Vokal steht.

*Dan**k** – dan**k**en, Wer**k** – Wer**k**es…*

-**g** steht am Wortende, wenn in verwandten Wörtern oder Wortformen das -g- deutlich hörbar vor einem Vokal steht.

*Sie**g** – sie**g**en,*
*Ta**g** – am Ta**g**e…*

❖ ck

Statt kk schreibt man ck: *Rü**ck**en, Schi**ck**sal…*

Wörter mit -kk- sind sehr selten:

*A**kk**ord*	*Ma**kk**aroni*
*A**kk**u*	*Maro**kk**o*
*A**kk**usativ*	*Mo**kk**a*

ck wird getrennt: **k-k**.

*Acker / A**k-k**er, packen / pa**k-k**en…*

❖ Fremdwörter

In einigen Fremdwörtern schreibt man (statt k):

c	ch	qu
***C**afé*	***Ch**aos*	*Cli**qu**e*
***C**amembert*	***Ch**arakter*	*Kommuni**qu**é*
***C**amping*	***Ch**lor*	*Mar**qu**is* (Titel)
***c**lever*	***Ch**or*	
***C**lique*	***Ch**oral*	
***C**lown*	***Ch**rist*	
***C**lub*	***Ch**rom*	
***C**ockpit*	***Ch**ronik*	
***C**omicheft*	***Ch**rysantheme*	
***C**omputer*	*melan**ch**olisch*	
***C**ontainer…*	*Or**ch**ester…*	

Übung 1

Welche Wörter mit k, kk und c sind gemeint?

K/k:		*kk:*	*C:*
______	______	______	______
______	______	______	______
______	______		______
______	______		______
______	______		
______			

Übung 2

Ergänze -k oder -g!

	Verwandte Wörter oder Wortformen:
Guten Ta_g_!	Tage, tagelang
Silke ist heute kran____.	____
Ein gutes Wer____	____
Sich für Politi____ interessieren	____
Sie den____t an alles.	____
Mein Bruder fühlt sich star____.	____
Erfol____ haben	____
Die Prüfun____ bestehen	____
Eine sehr gute Leistun____	____
In der Fabri____ arbeiten	____
Das Handwer____	____
Das ma____ ich nicht.	____
Die Sängerin sin____t im Fernsehen.	____
Das Schiff sin____t im Orkan.	____
Die Flu____zeu____entführun____	____
	____
	____
Gestern fin____ alles an.	____
Die Ber____wanderun____	____
	____

Übung 3

Wie lautet das verwandte Nomen?

danken: der Dank	siegen: der ____
fliegen: der ____	singen: der ____
klingen: der ____	streiken: der ____
pflügen: der ____	tanken: der ____
schwingen: der ____	trinken: das ____
schlagen: der ____	zanken: der ____

Übung 4

Suche 36 Wörter, die auf -k oder -g enden.
Ordne sie nach den Anfangsbuchstaben.

```
A N F A N G V E R T R A G S C H L A N K
N L E H R L I N G B E T R U G S I E G A
O E B E Z I R K V E R L A G K L U G E T
R I E                             E S A
A S R                             S A L
K T G                             C N O
S U F                             H G G
C N L                             E H Z
H G U                             N E W
R E G                             K R E
A I Z                             T Z R
N L E                             A O G
K I U                             G G F
R G G                             K F A
I T D                             R A H
N A A                             I B R
G B N                             E R Z
Z A K R A N K M U S I K E R F O L G I E
U K A L K P O L I T I K O B E L I S K U
G Y M N A S T I K Z W A N G F E R T T G
```

Anfang	*G*	*P*
A	*G*	*R*
B	*G*	*S*
B	*H*	*S*
B	*K*	*S*
D	*K*	*T*
E	*K*	*T*
E	*K*	*V*
Fabrik	*L*	*V*
F	*L*	*Z*
F	*M*	*Z*
F	*O*	*Z*

Übung 5

Unterstreiche die Wörter mit k, ck und Ch (gesprochen: k), und ordne sie ein.

Trinkhalm gegen Wasserverunreinigung

h **New York**

Die amerikanische Firma Accuventure in Portland, US-Bundesstaat Oregon, hat einen Trinkhalm mit eingebautem Filter entwickelt.

Die Vorrichtung hält, so heißt es, bis zu 98,2 Prozent aller Stoffe zurück, die Trinkwasser verunreinigen können, so etwa Chlorverbindungen, Rost, Pestizide, Bleichlösungen, organische Stoffe, Alkohol und Farbrückstände.

Der Trinkhalm mit der Bezeichnung „Accufilter" setzt der Flüssigkeit, die durch ihn hindurchgesogen wird, allerdings Widerstand entgegen – etwa soviel wie ein Milchshake in einem normalen Trinkhalm.

k:

______________ ______________

______________ ______________

______________ ______________

____

ck:

____

____

____

Ch:

____

Übung 6

Welche Wörter sind gemeint? Sprich sie deutlich aus.

Die Spitze eines Schiffes:	B______________
Man kann es lesen:	B______________
Fortbewegung in der Luft:	F______________
Verwünschung:	F______________
Man macht daraus Brot, Kuchen:	T______________
Kleiner See:	T______________

Übung 7

Pilotenfreund überlebte zwei Abstürze

Reuter **Caracas**
Anfang dieser Woche flog der venezulonische Pilot Corti Vivas mit seinem Freund Marino Bove über das Land. Da stürzt die kleine Maschine ab, Vivas starb, Bove überlebte. Am Wochenende sollte Vivas beigesetzt werden.
Zur Beerdigung flogen fast 20 Trauergäste mit einem Flugzeug vom Typ Aviocar 212. Unter ihnen war auch Marino Bove. Im Frachtraum des Flugzeugs befand sich der Sarg mit der Leiche von Vivas. Die Maschine geriet in dichten Nebel und prallte gegen einen Berg. Alle Insassen starben, bis auf einen: Marino Bove.

Ergänze -k oder -g.	*Verwandte Wörter oder Wortformen:*
Anfan___	___________
flo___	___________
Beerdigun___	___________
Flu___zeu___	___________
	___________
	___________
Sar___	___________
Ber___	___________

(Unterstreiche die Wörter im Text.)

Übung 8

Geldpäckchen im Briefkasten

Albi (dpa) – Eine junge Frau im südfranzösischen Albi staunte, als sie ihren Briefkasten öffnete: 40 000 Franc (kanpp 12 000 Mark) waren fein säuberlich in Zeitungspapier eingewikkelt. „Es ist ein Geschenk", hatte ein unbekannter Gönner die 26jährige auf einem Zettel wissen lassen. Die Frau trug das Präsent erst mal zwecks Überprüfung zur Polizei.

Trenne die folgenden Wörter:

Päckchen: ___________

einwickeln: ___________

zwecklos: ___________

aufwecken: ___________

Glocke: ___________

Zucker: ___________

Brücke: ___________

glücklich: ___________

❖ Auslaut

-p steht am Wortende, wenn in verwandten Wörtern oder Wortformen das -p- deutlich hörbar vor einem Vokal steht:

*Ti**p** – ti**pp**en, Cam**p** – Cam**p**ing…*

-b steht am Wortende, wenn in verwandten Wörtern oder Wortformen das -b- deutlich hörbar vor einem Vokal steht:

*Lo**b** – lo**b**en, Gra**b** – Grä**b**er,*
*Tra**b** – tra**b**en…*

Trimm Trab:
Das neue Laufen,
ohne zu schnaufen

❖ Unterscheide:

b/p

*Al**b** (Gebirge in Franken und Schwaben)*	*Al**p*** (Gespenst) *Al**p**traum, Al**p**druck* *die Al**p**en* (Gebirge)

Übung 1

Welches Wort ist gemeint?

Verwandte Wörter oder Wortformen:

Ein  ____________ voll Äpfel ____________

Sein Gedächtnis ist wie ein  ____________ ____________

Das  ____________ zusammenfegen. ____________

Verschwiegen sein wie ein  ____________ ____________

Durch das  ____________ sehen. ____________

Der Zauberer hat einen Zauber-  ____________ ____________

Übung 2

Bilde zusammengesetzte Wörter.

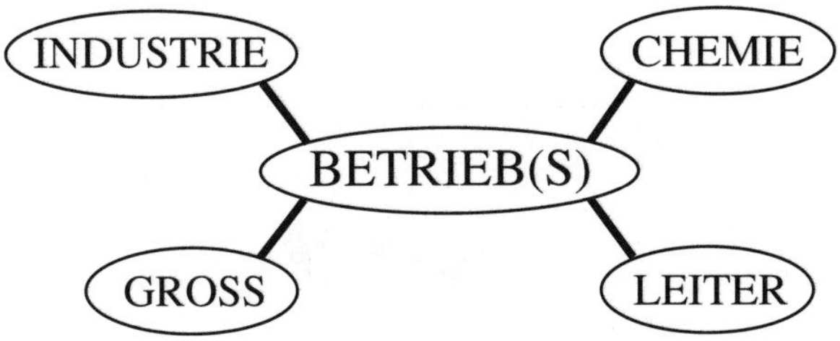

Industriebetrieb

____

____

____

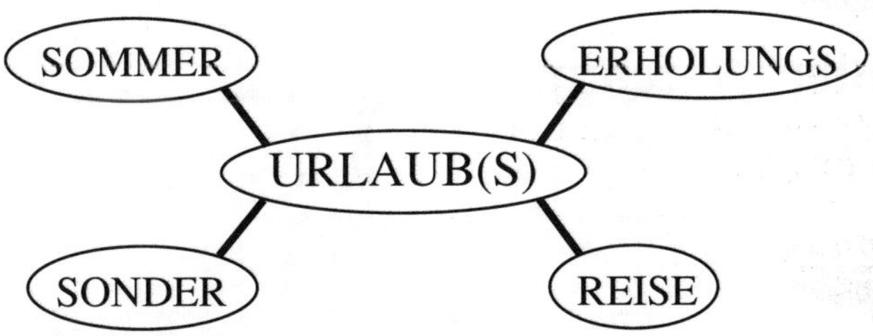

____

____

____

____

Übung 3

Ergänze -p oder -b.	*Verwandte Wörter oder Wortformen:*
Das Mikrosko p	Mikroskope
Der Industriebetrie____	____
Der Autoty____	____
Der Vorderradantrie____	____
Der Autodie____ wurde festgenommen.	____
Der Bankrau____	____
Urlau____ in Österreich machen	____
Das Wetter war trü____.	____
Die Farbe der Zitrone: Gel____	____
Zum Zeitvertrei____	____
Der Hund trägt einen Maulkor____.	____
Der kleine Hund ist lie____.	____
Das Eiweiß und das Eigel____	____
Den Stau____ wischen	____
Der Selbsterhaltungstrie____	____
Es geht ums Prinzi____.	____
Jemand, der nichts hört, ist tau____.	____
Das gute Erge____nis.	____
Ein Lo____ bekommen	____

-.69

Bitteschön!

Tomaten-Ketchup
ohne Konservierungsmittel
450 ml Flasche

1.45

Bitteschön!

Übung 4

Bilde Wörter, indem du P/p oder B/b hinzufügst.
(Die hinzugefügten Buchstaben können am Anfang, in der Mitte oder am Wortende stehen.)

AEND:	Abend	LIE:	______
ALEN:	______	NORDKA:	______
FARE:	______	OST:	______
GEL:	______	SCHULADE:	______
HINA:	______	STAU:	______
KETCHU:	______	TRÜ:	______
LADENDIE:	______	UDEL:	______

Übung 5

Unterstreiche die Wörter mit b oder P/p, und ordne sie ein.

Jugend glaubt an Übersinnliches

SAD **Paris**

Kinder und Jugendliche haben einen starken Sinn fürs Übersinnliche. Das ergab eine Umfrage der französischen Zeitschrift „Science et Vie-Junior" unter acht bis 16 Jahre alten Kindern.

Demnach glauben 65 Prozent der Jugendlichen an die Voraussagen von Horoskopen. Auch UFOs (45 Prozent), Hellseher (42 Prozent), Telepathie* (40 Prozent) und Kommunikation mit Toten (37 Prozent) genießen hohe Glaubwürdigkeit. Überraschendes Ergebnis der Umfrage: Der Glaube an Übersinnliches steigt mit dem Alter der Heranwachsenden.

b: ______ ______
______ ______
______ ______
______ ______
______ ______
______

p: ______
______
______

* Telepathie: Fernfühlen ohne körperlichen Kontakt

❖ Auslaut

-t steht am Wortende, wenn in verwandten Wörtern oder Wortformen das -t- deutlich hörbar vor einem Vokal steht:

*Mona**t** – Mona**t**e, Arbei**t** – arbei**t**en…*

-d steht am Wortende, wenn in verwandten Wörtern oder Wortformen das -d- deutlich hörbar vor einem Vokal steht:

*Gedul**d** – gedul**d**ig, Einwan**d** – Einwän**d**e…*

❖ Fremdwörter

Viele Fremdwörter werden mit **th** geschrieben:

*Apo**th**eke*	*Pan**th**er*
*As**th**ma*	*Pro**th**ese* (Ersatzglied)
*Ä**th**er*	*Rhy**th**mus*
*A**th**let*	*Sympa**th**ie*
*au**th**entisch* (unverfälscht)	***Th**eater*
*Biblio**th**ek*	***Th**eke*
*Diph**th**erie* (Krankheit)	***Th**ema*
*Disko**th**ek*	***Th**eorie*
*Ka**th**edrale*	***Th**ermometer*
*Ma**th**ematik*	***Th**ermosflasche*
*Me**th**ode*	***Th**ermostat*
*Or**th**ographie* (Rechtschreibung)	***Th**ese…*

❖ Unterscheide:

d/t

*en**d**-* (von „Ende“)	*en**t**-* (Vorsilbe)
*en**d**lich* *en**d**gültig* *En**d**ung* *En**d**station*	*en**t**decken* *en**t**lang* *En**t**scheidung* *unen**t**schieden*
*Gel**d*** *Taschengel**d*** *Bargel**d***	*Gel**t**ung, gel**t**en* *En**t**gel**t**, en**t**gel**t**en* *unen**t**gel**t**lich*

d/t

*Jag**d***	*Ja**ch**t* (Segelschiff)
*das Ra**d**, Fahrra**d***	*der Ra**t**, ra**t**en, Rä**t**sel*
*ihr sei**d*** *„Sei**d** pünktlich!“*	*sei**t** gestern* *sei**t**dem*
*To**d*** *To**d**esangst* *to**d**krank* *to**d**müde* *tö**d**lich*	*der/die To**t**e* *To**t**ensonntag* *to**t** sein* *tö**t**en* *sich to**t**lachen*
*wir**d*** (von „werden“) *es wir**d** kalt*	*der Wir**t*** *Gastwir**t***

d/dt

*anwen**d**en*	*angewan**dt***
*bewen**d**en*	*Bewan**dt**nis*
*Gewan**d*** (Kleidungstück)	*gewan**dt**, Gewan**dt**heit*
*sen**d**en* *versen**d**en* *Versan**d***	*er/sie san**dt**e* *abgesan**dt*** *er/sie versan**dt**e*
*verwen**d**en*	*er/sie verwan**dt**e* (verwendete) *er/sie hat verwan**dt*** (verwendet) *die Verwan**dt**schaft* *die Verwan**dt**en* *wir sind verwan**dt***

dt/tt

*Sta**dt*** *Großsta**dt*** *Altsta**dt**, Innensta**dt*** *stä**dt**isch*	*Werksta**tt*** *Gaststä**tt**e* *sta**tt*** *sta**tt**finden*

Übung 1

Ergänze -t oder -d.

Verwandte Wörter oder Wortformen:

Ich habe keine Zei_t_. — Zeiten, zeitig

Zur Arbei____ gehen. ____________

Hunder____ Mark. ____________

Tausen____ Mark. ____________

Eine gute Eigenschaf____. ____________

Peter ist begab____ ____________

Wo ist mein Bleistif____? ____________

Der Fotoappara____ ____________

Der Wal____bran____ ____________

Eine gute Ta____ ____________

Ich weiß Beschei____. ____________

Es tut mir lei____. ____________

Das ist meine Schul____. ____________

Voller Ungedul____ ____________

Ins Freiba____ gehen ____________

Mein Freun____ ____________

Der Spielkamera____ ____________

Orangensaf____ trinken ____________

Sie werden dringen____ am Telefon verlangt. ____________

Abschie____ nehmen ____________

Es ist schon spä____. ____________

____

____

Apfelfruchtsaftgetränk
Fruchtgehalt mindestens 50 %
1 l Packung
-.69

____

____

____

Übung 2

Welche Wörter mit -t oder -d sind gemeint?
Trag sie in die Kästchen ein.

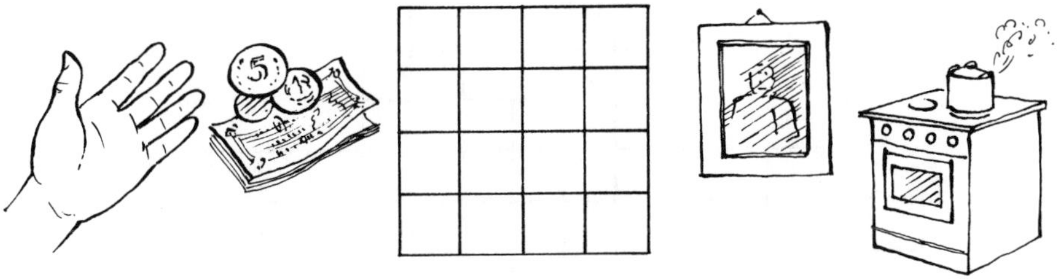

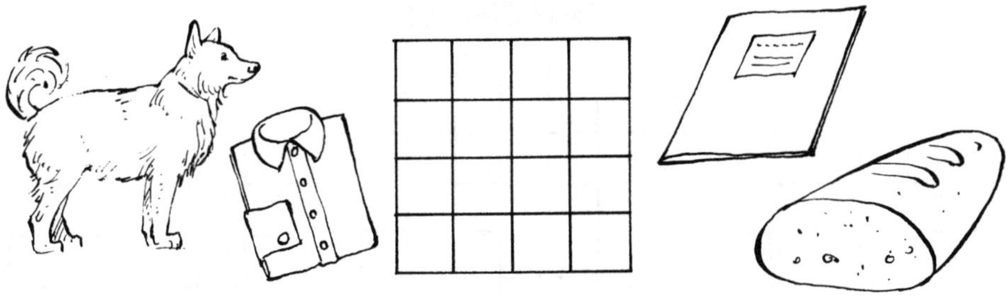

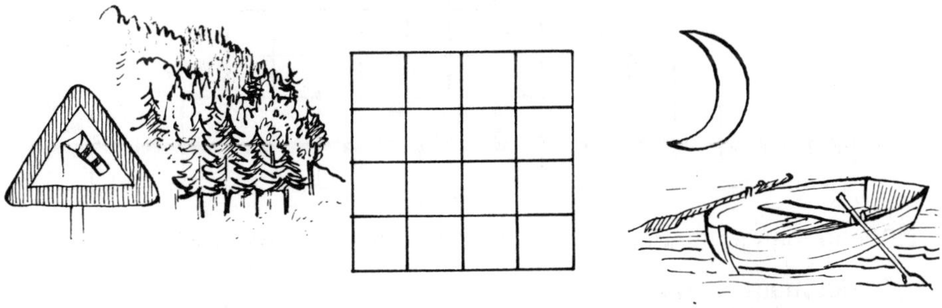

Übung 3

Der kluge Pudel. – Suche die Wörter auf -t oder -d, und trage sie ein.

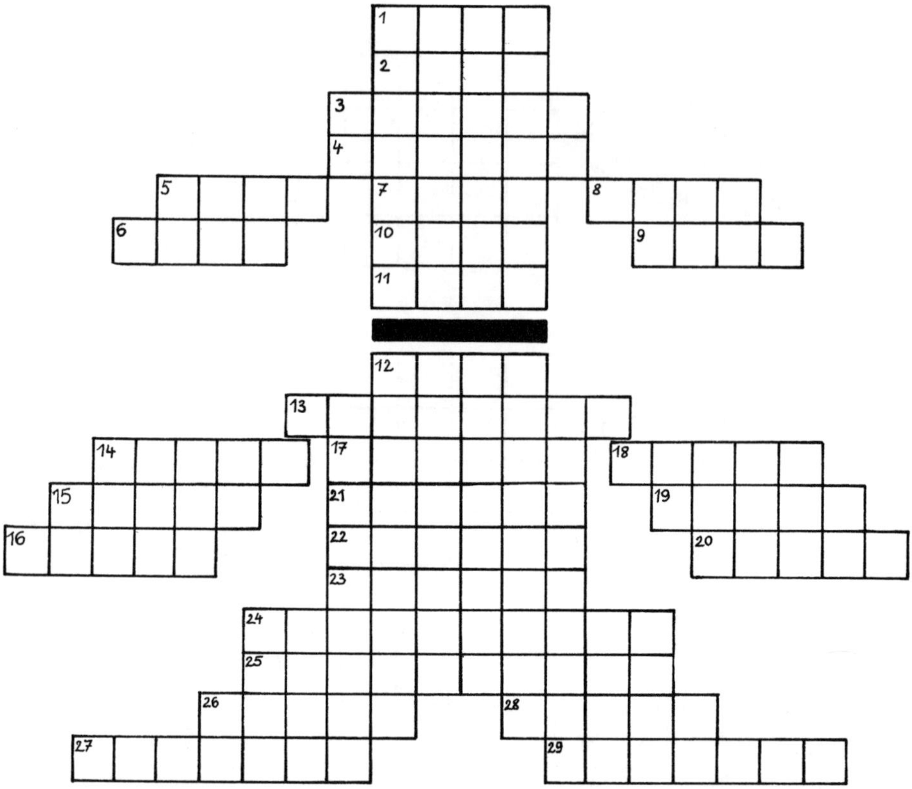

1. Wenn man jemandem nicht seinen Reichtum/seinen Erfolg gönnt, empfindet man: *Neid* ______
2. Tötung eines Menschen durch einen Verbrecher: *M* ______
3. Tätigkeit, um Geld zu verdienen: *A* ______
4. Zank, Auseinandersetzung: *St* ______
5. Junger Mensch: *K* ______
6. Man kann es singen: *L* ______
7. Viele Menschen sind beisammen, um zu feiern: *F* ______

8. Man findet viel davon am Strand: S________________
9. Chemische Substanz, die tötet: G________________
10. Getränk aus Obst: S____________
11. Wertvolles, gelbes Metall: G________
12. Das Erlegen von Wild: J__________

Jagdwurst
grob gekörnt
300 g Stück
4.98

13. Die Fähigkeit des Menschen zu denken: V____________
14. Ein Land in seinen politischen Grenzen: St____________
15. Der 12. Teil eines Jahres: M________________
16. Gartenpflanze, deren grüne Blätter man roh ißt: S________
17. Das Land, in dem man zu Hause ist: H______________
18. Gegensatz von „Freund“: F________________
19. Gegensatz zu „Dunkelheit“: L________________
20. Ursache: G________________________
21. Die Verantwortung für ein Unglück: Sch______________
22. Himmelskörper, der sich um die Sonne dreht: P__________
23. Umgebung, Landschaft: G__________________
24. Eine Sache, die man anfassen kann: G______________
25. Am Meer, wo man baden darf: B________________
26. „Schnur“ aus Metall: D____________________
27. Schwere eines Körpers: G__________________
28. Stelle aus einem fremden Text: Z________________
29. Apparat, der nach Einwurf einer Münze Waren ausgibt: A________

Übung 4

Ergänze die Adjektive auf -t oder -d.

Der runde Tisch. Der Tisch ist ____________________

Die bunten Bilder. Die Bilder sind ____________________

Die leichte Aufgabe. Die Aufgabe ist ____________________

Die gerechte Strafe. Die Strafe ist ____________________

Das gesunde Essen. Das Essen ist ____________________

Übung 5

Bilde acht zusammengesetzte Nomen.

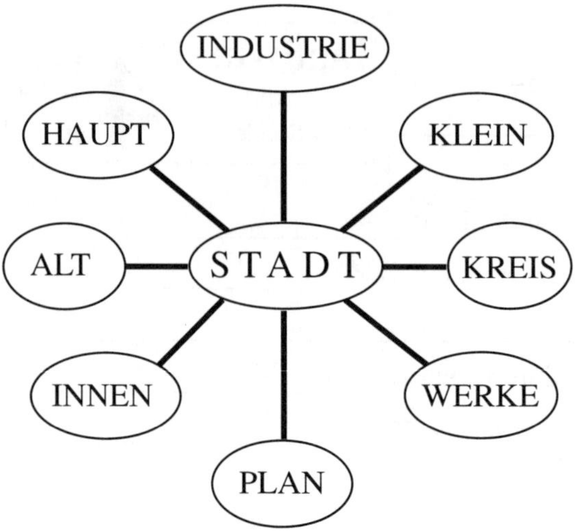

____

____

____

____

____

____

____

____

Übung 6

Ergänze „seit“ oder „seid“.

Der Vater zu seinem Sohn und seiner Tochter, die ____________ einem Jahr mit dem Fahrrad zur Schule fahren:

„____________ gestern ist es kalt geworden, und auf den Straßen ist Glatteis. ____________ nicht waghalsig! ____________ sehr vorsichtig! Wie das Radio meldet, haben sich schon Unfälle ereignet, ____________ dem die Straßen glatt sind.“

Übung 7

Bilde sieben Wörter mit ENT/END.

ENT	FERNUNG	Entfernung
END	GÜLTIG	______
	LANG	______
	LOS	______
	SCHEIDEN	______
	SPURT	______
	WEDER…ODER	______

Übung 8

Ergänze t oder dt.

Tanjas Eltern haben Silberhochzeit.

Viele Verwan ____e und Bekann ____e sind eingeladen.

Die Verwan ____schaft ist groß.

Tanja staunt, mit wem sie alles verwan ____ ist.

Sie hat sogar Verwan____e in Amerika, die sie bisher noch gar nicht kann____e.

Übung 9

Ergänze t oder th.

As	th	ma	Asthma	Me		ode	______
Apo		eke	______	Me		ermaß	______
Disko		ek	______	Ka		edrale	______
Appe		it	______	ka		olisch	______
Rhy		mus	______	Sympa		ie	______
Pan		er	______	Sys		em	______

Übung 10

Lies den Text durch.

Weltrekord-Teddy

Auch unter den Teddybären gibt es einen Weltrekordler. Das nach dem US-Präsidenten Theodor (Teddy) Roosevelt benannte Plüschtier erfreut sich ja ohnehin schon seit Jahrzehnten größter Beliebtheit. Den Vogel an Zuwendung schoß im Jahre 1989 ein Amerikaner ab, als er bei einer Auktion* für ein Modell aus dem Jahre 1926 den enormen Betrag von 55.000 englischen Pfund bezahlte. Das entsprach nach dem Tageskurs 168.000 Mark. Eine solche Summe ist natürlich für den Normalbürger unerschwinglich. Ein 1926er-Modell kann er dennoch für erheblich weniger Geld erstehen, denn ein deutscher Hersteller hat in limitierter* Auflage eine Replik* auf den Markt gebracht.

ER IST DER WELT-REKORDLER unter den Teddys. Für stolze 168.000 Mark wechselte er den Besitzer.

* Auktion: Versteigerung
limitiert: begrenzt
Replik: genaue Nachbildung

Ergänze -t oder -d. *Suche verwandte Wörter oder Wortformen:*

Wel____ ________________
Rekor____ ________________
Präsiden____ ________________
Jahrzehn____ ________________
belieb____ ________________
Pfun____ ________________
Gel____ ________________
Mark____ ________________

(Unterstreiche diese Wörter im Text.)

Übung 11

Lies den Text durch.

■ **Münster.** Im städtischen Fundbüro waren die Fahrräder auch im November wieder Spitzenreiter: Der Fundfahrradkeller an der Engelstraße 49/51 verzeichnete nicht weniger als 234 Neuzugänge. Was sonst noch so in Münster gefunden wurde? Beinahe alles von der Armbanduhr bis zum Autoradio, von der Brosche bis zur Brille. Und das städtische Presseamt meldet überdies als Fundsachen auch noch zwei „Faulenzermappen" – was immer das sein mag…

Ergänze -t oder -d. *Suche verwandte Wörter oder Wortformen:*

Fun____büro ________________
Fahrra____keller ________________
Armban____uhr ________________
Presseam____ ________________
Fun____sache ________________

(Unterstreiche diese Wörter im Text.)

Übung 12

Lies den Text durch.

Steinzeitbauern trugen Schnurrbärte

E. P. **Wien**

Ackerbauern und Viehzüchter Mitteleuropas trugen bereits vor mehr als 7000 Jahren Schnurrbärte.

Dies läßt ein archäologischer Fund* erkennen, der in Ebenthal in Niederösterreich gemacht wurde: der Rest eines Tongefäßes, auf dem ein menschliches Gesicht wiedergegeben ist. Darauf ist deutlich ein Schnurrbart zu sehen.

* archäologischer Fund: ein ausgegrabener Gegenstand der Vorzeit

Ergänze -t oder -d. — *Suche verwandte Wörter oder Wortformen:*

Steinzei____ ______________________

Fun____ ______________________

Res____ ______________________

Gesich____ ______________________

Schnurrbar____ ______________________

(Unterstreiche diese Wörter im Text.)

Übung 13

Suche die Wörter mit -d oder -t am Ende. — *Suche verwandte Wörter oder Wortformen:*

______________________ ______________________

______________________ ______________________

______________________ ______________________

______________________ ______________________

______________________ ______________________

Lösungen

F-Laut

Übung 1

Fenster – Pharao – Paragraph – Delphin – Elefant – Frosch – Fuchs – Alphabet – Harfe – Sofa

Übung 2

Vater – Neffe – Ferien – Ankunft – Hafen – Asphalt – Katastrophe – Chef – Detektiv – Strophe – Vers – viel – Vieh – Futter – Fan – Frühling – Luft – Folklore – Vulkan

Übung 3

verbluten – verkaufen – vorschlagen – verbrauchen – verantworten – verblühen – vorhaben – vorzeigen – versuchen – verbessern – vorbereiten

Übung 4

Fernsehen, verdienen, verkaufen, Ferien, Ferne, verbieten, vertragen, Versteck, fertig, schlagfertig.

Fortsetzung, vorwärts, vorsichtig, Forderung, Vormittag, Vorfahrt, Fortschritt, Vorsprung, Vorbild, Forscher, Vorwand, Formular.

Viel Spaß. Das gefiel mir, viel besser als erwartet. Es regnete viel. Der Regen fiel den ganzen Tag. Sehr viele Zuschauer waren gekommen. Das fiel mir auf.

Übung 5

Viele waren zur Fete gekommen. Wir hatten viel Spaß. Mir fiel auf, daß Eva viel mit Frank geredet hat. Mir fiel der Name von Evas Freund nicht ein. Heißt er vielleicht Michael? Die Musik gefiel mir sehr gut. Ich mußte aber viel zu früh nach Hause.

Übung 6

Peter begreift – Peter hofft – Peter öffnet – Peter prüft – Peter ruft – Peter schafft – Peter schläft – Peter trifft

Übung 7

falsch –Vase –Vater – brav – Chef – fehlen – Viereck – Kurve – oft – froh

Übung 8

f: Vogelfütterung – Dauerfrost – füttern

v (gesprochen: f): Vogelfütterung – Vögel

Übung 9

f: für – Urlaubsfahrten – häufige – helfen – Fahrt – Frischezustand – Urlaubsfahrer – Kauf – Verpackungsformen – Gefahr

v (gesprochen: f): vor (zweimal) – verbunden – von – Verpackungsformen – Verpackungen

v (gesprochen: w): Reiseproviant (zweimal)

Übung 10

f: häufiger – Fernreise – falls – auf – Düsseldorf – Fälle – Infektionen – Fernreisen – zurückzuführen

pf: impfen – Impfschutz

Übung 11

v (gesprochen: f): intensiv – Larve – vier – Vers – Vertrauen – exclusiv – Verweis – Vetter – aktiv – Motiv v (gesprochen: w): Ventil – Advent – Lokomotive – Pulver – Service – Pullover – Videofilm – Interview – Karneval – Bravo! – Vokabel – 220 Volt – privat – evangelisch – Universität – Kurve – Volleyball – Silvester – Leverkusen – Sklave – nervös – Festival

Übung 12
f: beeinflußt – Wissenschaftler – Fachblatt – falsch – fünf – mineralstoffarm – Fähigkeiten
v (gesprochen: f): verabreichte – von – zuvor – Veränderung
v (gesprochen: w): Vitaminen – David – Vitamine (zweimal) – vitaminarm

Übung 13
f: Freitag – Luft – Gefahr – für
v (gesprochen: f): völlig – Vorabend – von
v (gesprochen: w): Vulkan (dreimal) – Reykjavik (zweimal) – aktive – Lava

K-Laut

Übung 1
K/k: Wolke – Pauke – Schaukel – Birke – Mark – Bank – E-Lok – Mikrowelle – Anorak – Kohl – Kokosnuß
kk: Akku – Marokko
C: Computer – Camping – Clown – Container

Übung 2
Tag (Tage, tagelang) – krank (kränker) – Werk (Werke, Handwerker) – Politik (Politiker) – denkt (denken, Denker) – stark (stärker, Stärke) – Erfolg (Erfolge) – Prüfung (Prüfungen) – Leistung (Leistungen) – Fabrik (Fabriken) – Handwerk (Handwerker) – mag (mögen) – singt (singen, Sänger) – sinkt (sinken) – Flug… (fliegen) …zeug… (…zeuge) …entführung (…entführungen) – fing (anfangen, Anfänger) – Berg… (Berge) …wanderung (…wanderungen)

Übung 3
der Dank – der Flug – der Klang – der Pflug – der Schwung – der Schlag – der Sieg – der Gesang – der Streik – der Tank – das Getränk – der Zank

Übung 4
Anfang – Anorak – Berg – Betrug – Bezirk – Dank – eilig – Erfolg – Fabrik – Fahrzeug – fertig – Flugzeug – Gesang – Geschenk – Gymnastik – Herzog – Kalk – Katalog – klug – Krieg – Lehrling – Leistung – Musik – Obelisk – Politik – Ring – schlank – Schrank – Sieg – Tabak – Tag – Verlag – Vertrag – Zug – Zwang – Zwerg

Übung 5
k: Trinkhalm (dreimal) – amerikanische – Trinkwasser – können – Alkohol – Flüssigkeit – Milchshake
ck: entwickelt – zurück – Farbrückstände
Ch: Chlorverbindungen

Übung 6
Bug – Buch – Flug – Fluch – Teig – Teich

Übung 7
Anfang (Anfänge, anfangen) – flog (fliegen, Flieger) – Beerdigung, (Beerdigungen, beerdigen) – Flugzeug (fliegen, Flüge / …zeuge) – Sarg (Särge) – Berg (Berge)

Übung 8
Päck-chen – ein-wik-keln – zweck-los – auf-wek-ken – Glok-ke – Zuk-ker – Brük-ke – glück-lich

P-Laut

Übung 1
Ein Korb voll Äpfel. (Körbe) Sein Gedächtnis ist wie ein Sieb. (Siebe, durchsieben) Das Laub zusammenfegen. (entlauben) Verschwiegen sein wie ein Grab. (Gräber, graben) Durch das Mikroskop sehen. (Mikroskope) Der Zauberer hat einen Zauberstab. (Stäbe)

Übung 2
Industriebetrieb – Chemiebetrieb – Großbetrieb – Betriebsleiter
Sommerurlaub – Erholungsurlaub – Sonderurlaub – Urlaubsreise

Übung 3
Mikroskop (Mikroskope) – Industriebetrieb (Betriebe, betreiben) – Autotyp (Typen) – Vorderradantrieb (antreiben) – Autodieb (Diebe, diebisch) – Bankraub (Räuber) – Urlaub (Urlauber) – trüb (trüben) – Gelb (gelber, gelbe Farbe) – Zeitvertreib (vertreiben) – Maulkorb (Körbe) – lieb (lieber, Liebe) – Eigelb (gelbe Farbe) – Staub (staubig) – Selbsterhaltungstrieb (Triebe, treiben) – Prinzip (Prinzipien) – taub (der Taube) – Ergebnis (ergeben) – Lob (loben)

Übung 4
Abend – Alpen – Farbe – gelb – hinab – Ketchup – Ladendieb – lieb – Nordkap – Post – Schublade – Staub – trüb – Pudel

Übung 5
b: Übersinnliches (zweimal) – glaubt – haben – Übersinnliche – ergab – bis – glauben – Glaubwürdigkeit – Überraschendes – Ergebnis – Glaube
p: Prozent (fünfmal) – Horoskopen – Telepathie

T-Laut

Übung 1
Zeit (Zeiten, zeitig) – Arbeit (arbeiten, Arbeiter) – hundert (Hunderte) – tausend (Tausende) – Eigenschaft (Eigenschaften) – begabt (begabter) – Bleistift (Bleistifte) – Fotoapparat (Apparate) – Waldbrand (Wälder / Brände) – Tat (Taten, Täter, tätig) – Bescheid (Bescheide) – leid (leider) – Schuld (Schulden, schuldig) – Ungeduld (geduldig) – Freibad (Bäder, baden) – Freund (Freunde) – Spielkamerad (Kameraden) – Orangensaft (Säfte, saftig) – dringend (dringende) – Abschied (sich verabschieden) – spät (später, sich verspäten) – …frucht… (Früchte) – …saft… (Säfte, saftig) – Fruchtgehalt (…gehalte, halten)

Übung 2
Hand / Geld / Bild / Herd – Hund / Hemd / Brot / Heft – Wind / Wald / Mond / Boot – Pferd / Pfund / Kleid / Paket / Wurst

Übung 3
1 Neid – 2 Mord – 3 Arbeit – 4 Streit – 5 Kind – 6 Lied – 7 Fest – 8 Sand – 9 Gift – 10 Saft – 11 Gold – 12 Jagd – 13 Verstand – 14 Staat – 15 Monat – 16 Salat – 17 Heimat – 18 Feind – 19 Licht – 20 Grund – 21 Schuld – 22 Planet – 23 Gegend – 24 Gegenstand – 25 Badestrand – 26 Draht – 27 Gewicht – 28 Zitat – 29 Automat

Übung 4
Der Tisch ist rund. Die Bilder sind bunt. Die Aufgabe ist leicht. Die Strafe ist gerecht. Das Essen ist gesund.

Übung 5
Industriestadt – Kleinstadt – Kreisstadt – Stadtwerke – Stadtplan – Innenstadt – Altstadt – Hauptstadt

Übung 6
...die seit einem Jahr... „Seit gestern ist es... Seid nicht waghalsig! Seid sehr vorsichtig! ...seitdem die Straßen glatt sind.“

Übung 7
Entfernung – endgültig – entlang – endlos – entscheiden – Endspurt – entweder...oder

Übung 8
Viele Verwandte und Bekannte... Die Verwandtschaft...mit wem sie alles verwandt ist. ...Verwandte in Amerika...noch gar nicht kannte.

Übung 9
Asthma – Apotheke – Diskothek – Appetit – Rhythmus – Panther – Methode – Metermaß – Kathedrale – katholisch – Sympathie – System

Übung 10
Welt (Welten) – Rekord (Rekorde) – Präsident (Präsidenten) – Jahrzehnt (Jahrzehnte) – beliebt (beliebter) – Pfund (Pfunde) – Geld (Gelder) – Markt (Märkte)

Übung 11
Fundbüro (finden, gefunden) – Fahrradkeller (Fahrräder) – Armbanduhr (Bänder, binden) – Presseamt (Ämter, Beamter) – Fundsache (finden, gefunden)

Übung 12
Steinzeit... (Zeiten, zeitig) – Fund (Funde, finden) – Rest (Reste) – Gesicht (Gesichter) – Schnurrbart (Schnurrbärte, bärtig)

Übung 13
Bundespost (Posten) – Brot (Brote) – Welt (Welten) – rettet (rettete) – Wald (Wälder, bewaldet)

987 654 321